Gabriel VANEL

UNE
AVENTURE AVEC LES CHOUANS

EN 1794

CAEN
HENRI DELESQUES, IMPRIMEUR-ÉDITEUR
34, RUE DEMOLOMBE, 34

1915

Gabriel Vanel

UNE AVENTURE AVEC LES CHOUANS

EN 1794

CAEN
HENRI DELESQUES, IMPRIMEUR-ÉDITEUR
34, rue Demolombe, 34

1915

Extrait des Mémoires de l'Académie Nationale des Sciences, Arts et Belles-Lettres de Caen (1914).

UNE
AVENTURE AVEC LES CHOUANS

En 1794

Le principal personnage de cette aventure n'est pas un Normand, bien qu'elle se soit passée aux environs de Caen. Jean-François Landolphe était né à Auxonne, le 5 février 1747. Il était le dernier des vingt-deux enfants d'Antoine Landolphe, arquebusier du roi et régisseur des biens des marquis de la Perrière et d'Argens.

En 1766, à l'âge de dix-neuf ans, après avoir suivi des cours de chirurgie, profession pour laquelle il ne se sentait pas une vocation prononcée, le jeune Landolphe s'embarqua à Nantes, comme mousse, à bord du *Royal-Louis*, qui était en partance pour Saint-Domingue. Le métier lui plut et il s'y donna avec ardeur.

Aussi fit-il rapidement son chemin, commanda plus tard de nombreux navires de la Compagnie des Indes et se signala, pendant la guerre d'Amérique,

comme capitaine de corsaire. Il infligea des pertes
sensibles au commerce des Anglais.

La Révolution le trouve à la Martinique, le fait
enseigne de vaisseau et lui confie le commandement
de la corvette *la Liberté*, attachée à la station des
Iles-sous-le-Vent. Avec cette corvette, il prend, dans
la mer des Antilles, plusieurs navires marchands et
rend de grands services au commerce français.

Il venait de s'emparer d'un corsaire ennemi de
seize canons, quand, aux environs de l'île Saint-Barthélemy, il est atteint et forcé au combat par la frégate anglaise *l'Alarm*, de 32 pièces de 30. La lutte
était trop inégale, et, après une défense brillante,
la Liberté coulant bas, Landolphe est obligé d'amener son pavillon (1). La corvette s'abîme dans les
flots au moment où il monte sur le pont de *l'Alarm*.

Conduit en Angleterre avec ses officiers et transféré dans plusieurs prisons, ils furent compris,
grâce à l'amitié d'un Anglais reconnaissant, dans
un échange de prisonniers, en décembre 1794.

Il arrive sur la rade de Cherbourg avec son capitaine en second, M. Lesourd, et ses deux lieute-

(1) Le capitaine Mils, commandant de *l'Alarm*, rendit
pleine justice à la bravoure du capitaine Landolphe. Il fut
l'attendre à la coupée et refusa de recevoir son épée en
lui disant qu'il l'avait trop bien défendue pour qu'il la lui
ôtât. Il ajouta qu'il ne devait son succès qu'à des forces
supérieures. Il voulut aussi qu'il partageât son appartement
et sa table. Criblée par plusieurs centaines de boulets,
la Liberté s'était engloutie dans les flots sans permettre à
l'équipage d'emporter la moindre chose.

nants, MM. Hamont et Viavant, le 16 du même mois. Il n'était pas revenu en France depuis 1786 ; il ne faut pas s'étonner s'il y trouva, aussi bien dans la forme du gouvernement, que dans les mœurs et la manière de vivre, un changement auquel il était peu préparé.

Il y avait alors, sur la rade, un vieux vaisseau, *le Brillant*, qui s'était autrefois illustré dans les escadres de Tourville, en 1692, et qui terminait sa longue carrière comme bâtiment stationnaire (2). C'est sur cet honorable, mais incommode ponton qu'on débarqua nos marins, et on les y laissa pendant toute la journée sans leur porter à manger. Le soir, une chaloupe vint les prendre et les conduire à terre, où ils furent casernés dans un vieux corps de logis servant d'hospice. Ils y restèrent deux jours, mal couchés et mal nourris.

Après interrogatoires et vérification d'identité, on leur délivra enfin leurs passeports et on leur compta en même temps six mille francs en assignats (3).

(2) Le vieux vaisseau *le Brillant*, qui avait fait partie des escadres de Tourville, avait été conduit sur la rade de Cherbourg en 1787 ; on voulait s'assurer si les fonds avaient une bonne tenue pour l'ancrage. Ce vaisseau resta sept ans sur ses ancres, résistant à plusieurs tempêtes et à de nombreux coups de vent.

(3) Le commissaire ajouta même : « Si cela ne suffit pas pour votre voyage, vous pouvez vous présenter à la municipalité du lieu où l'argent vous manquera. Vous y recevrez, au vu de votre passeport, le supplément nécessaire. » La « Planche aux assignats » pouvait, en effet, faire des largesses, sans grand inconvénient.

Cette fois, ils crurent que le Pactole était passé dans leurs poches, mais bientôt il fallut déchanter. Laissons le capitaine Landolphe nous dépeindre sa surprise : « J'avais le dessein de me rendre à Rouen; avant de commencer mon voyage, je voulais passer quelques jours à Cherbourg, pour examiner les travaux du port. J'allai prendre un logement à l'*Hôtel de France*.

« Après le dîner, je demandai la carte de ma dépense. « Citoyen, je n'en donne point, me dit le « chef. Il me faut deux cent cinquante francs comp-« tant pour la journée. Les provisions augmentent « chaque jour : demain, vous me paierez trois cents « francs, et je dois vous avouer que, si je vous « traite avec tant de faveur, c'est, qu'arrivant des « prisons d'Angleterre, votre situation me touche « l'âme. » J'ouvrais de grands yeux et de plus grandes oreilles à ce langage. Du reste, j'acquittai le lendemain les cent écus ; en recevant cette somme, l'hôtelier m'annonça que le jour suivant la verrait encore augmentée.

« Alors, épouvanté de ces énormes frais et comprenant la libéralité du gouvernement, je ne songeai plus qu'à fuir au plus tôt un pays si brûlant. Le troisième jour, nous étions partis. Notre bagage consistait en un petit paquet qui renfermait toutes nos richesses. »

A chaque auberge où nos voyageurs s'arrêtaient pour prendre quelque nourriture, on leur demandait invariablement : « Avez-vous du pain ? » Et comme la réponse était négative, il fallait s'en passer et atteindre une ville où la municipalité donnait un bon pour deux livres de pain noir.

Arrivés à Caen tant bien que mal, ils en repartent le lendemain pour Lisieux et Bernay. C'est à ce moment que l'aventure, plus ou moins inséparable des voyages entrepris le bâton à la main, les attendait (4). Il faut avouer toutefois qu'elle ne fut pas ordinaire.

La matinée était déjà très avancée et ils suivaient, à quelques lieues de Caen, un chemin qu'on leur avait indiqué comme raccourcissant leur trajet, quand les branchages des haies qui bordaient les talus à droite et à gauche, s'ouvrent tout à coup. Huit hommes, armés de fusils, sautent sur la route et les entourent en criant : « Halte-là ! D'où venez-

(4) Le capitaine Landolphe écrivit fort tard ses *Mémoires*. Peu lettré, il hésitait à les publier. Les insistances d'un vieil ami, marin comme lui, M. I. Quesné, auteur de divers ouvrages, eurent raison de ses scrupules. M. Quesné se chargea de leur donner une forme plus « littéraire » et on peut même regretter que, dans nombre de passages, il les ait écourtés et corrigés.

Ces *Mémoires*, parus en 1823, sont devenus très rares. Pour le fait qui nous occupe et qui y est rapporté sommairement, nous avons eu l'heureuse chance d'obtenir la communication d'une lettre du capitaine, écrite peu de temps après l'événement. Cette lettre rendait compte à M. Ponteney, qui devint le beau-frère du capitaine, de la rencontre peu ordinaire qui lui était arrivée. Elle contenait des détails qui n'existent pas dans les *Mémoires*, et qui rendent cette rencontre plus intéressante et plus animée. Malheureusement, étranger au pays, M. Landolphe n'indique nulle part le nom du hameau ou du village où la scène s'est passée. Peut-être aussi ne s'en était-il pas inquiété.

« vous ? Où allez-vous ? » Ici nous laissons la parole au capitaine Landolphe, qui, dans le style du temps, va nous traduire ses impressions.

« Nous sommes, leur dis-je, des marins sortis
« des prisons d'Angleterre : nous retournons paisi-
« blement au pays qui nous a vu naître. » Un d'eux, s'approchant de moi, jeta les yeux sur les boutons de mon habit. Comme il lut, autour de l'ancre, les mots : *marine militaire*, il dit à ses camarades : « Ce sont de braves gens qui ne nous font aucun
« mal. » Puis, se tournant de notre côté : « Où cou-
« cherez-vous cette nuit ? » — « Véritablement, mes-
« sieurs, nous l'ignorons, car ce pays nous est
« inconnu. » — « Eh bien ! si vous voulez nous sui-
« vre, nous vous conduirons dans un bon endroit.
« Soyez assurés qu'on vous recevra de manière à
« ce que vous n'aurez aucun regret d'avoir accepté
« ce gîte. » — « Messieurs, votre ton et vos maniè-
« res annoncent des personnes sur lesquelles on peut
« compter ; nous mettrons beaucoup d'empressement
« à vous suivre. »

Prenant à travers champs, nos marins emboîtent le pas derrière leurs nouvelles connaissances et arrivent dans un clos où se trouvait une métairie qui paraissait inhabitée. Cependant, au milieu d'une salle dans laquelle ils entrèrent, une table, avec un broc et des verres, prouvait qu'on s'y était arrêté peu de temps auparavant. On s'assit et l'on but quelques verres de cidre qu'un des nouveaux venus alla chercher non loin de là. Après un repos assez long, tout le monde se remit en route.

Ne connaissant pas le pays, le capitaine Landolphe et ses officiers ne purent savoir ni le nom de la contrée, ni celui des villages qu'ils apercevaient de loin de temps à autre et qu'on évitait de leur désigner (5). Ils remarquèrent aussi qu'on prenait surtout des chemins couverts et éloignés de tout centre habité.

« Enfin on arriva, dit le capitaine, dont nous reprenons le récit, vers le déclin du jour, dans un village situé sur une éminence. On nous fit entrer dans une petite auberge, à l'enseigne de *la Civette*, tenue par une veuve. On remarquait, pendus au croc, un fort dindon plumé, plusieurs poules et un gros gigot. « Ma bonne mère », dit un de ces messieurs à l'hôtesse, « vous voyez ici, douze lurons qui tous ont « un grand appétit. Décrochez ce dindon, le gigot et « deux volailles. Faites-nous souper sur l'heure et « donnez-nous une chambre particulière. En atten- « dant que tout soit cuit, apportez quatre bouteilles « de vin sur la table : nous ne boirons pas de cidre « ce soir. »

« Ces façons de commander le repas, qui coulaient de source de la bouche de ces messieurs, en révélant à mes compagnons et à moi de quelle manière en usaient nos interlocuteurs, nous surprit fort. Nous nous regardâmes quelques secondes comme des gens sur le visage desquels se manifeste un certain embarras ; puis je représentai humble-

---

(5) Le fait a dû se passer dans les cantons de Mézidon ou de Livarot.

ment à ces lurons que des prisonniers de guerre ont autant et quelquefois plus d'appétit que des hommes en liberté, mais qu'il est bien rare aussi que leur bourse puisse soutenir la volonté de le satisfaire. « Soyez tranquilles, nous répliqua-t-on, votre écot « sera réduit à peu de chose ; vous passerez sans « doute ici la nuit ? » — « Oui, messieurs. » — « Bonne mère, vous fournirez un excellent lit à ces « braves marins. Quant à nous, nous partirons de « bonne heure. »

« On servit le repas dans une assez belle salle. Le misérable état de notre portefeuille, réveillant nos idées, à la vue d'une table excellente, nous fit encore hésiter à nous y asseoir, mais ces honnêtes chevaliers français, ne voulant pas laisser ainsi les choses imparfaites, vinrent tous les huit nous prendre par le bras. « Allons, messieurs, nous brûlons du désir de vous régaler et de boire à vos santés ! » Il n'était plus possible de reculer devant une si grande politesse, sous peine de passer pour des hommes par trop bourrus. C'est pourquoi nous nous laissâmes doucement entraîner vers le banquet.

« Notre appétit, aiguisé par une longue mauvaise chère, fit honneur à tous les morceaux qu'on nous offrit. Le vin les arrosait souvent et toujours avec délices. Inutile de dire que des anecdotes de tous les genres émaillèrent la conversation. On nous fit raconter nos campagnes ; on porta des toasts à la marine, sans toutefois employer le mot nouveau de *république* ; on fut gai ; on s'amusa.

« Il était déjà fort tard quand, tout à coup, la

porte de l'appartement s'ouvrit et l'hôtesse parut, précédant un gaillard grand et vigoureux, coiffé d'un bonnet rabattu sur les yeux, et armé d'un fusil. Cet homme s'approcha de celui des nôtres qui paraissait être le chef et lui dit quelques mots à l'oreille. Ils sortirent aussitôt tous les deux et tous les autres se dirigèrent précipitamment sur leurs traces.

« Nous ne savions ce que cela voulait dire et il faut avouer que nos têtes, légèrement échauffées par le bon vin et l'eau-de-vie de cidre, ne nous permettaient guère de faire de longues réflexions. L'hôtesse était repartie et nous nous trouvions seuls.

« Au bout de quelque temps, nos amis rentrèrent en nous donnant une raison dont nous ne nous mîmes pas en peine, dans l'état où nous étions. Cependant, au lieu de huit, ils n'étaient plus que cinq, ce qui ne nous empêcha pas de deviser et de fumer pendant une partie de la nuit. Vers une heure du matin, le chef se leva et fit appeler l'hôtesse. Il demanda le compte, paya et, se tournant vers nous, ajouta avec courtoisie : « Messieurs les marins, vous ne devez
« rien : tout est acquitté. Nous sommes ravis d'avoir
« rencontré de valeureux hommes tels que vous.
« Allez reposer tranquillement dans vos lits, comme
« sur un vaisseau dans le calme, en pleine paix.
« Adieu, messieurs, nous vous souhaitons le bon-
« soir, ainsi qu'un bon voyage. » Là-dessus, ils prirent leurs fusils et se retirèrent de leur côté.

« Nous ne fûmes pas longtemps à gagner nos chambres et à goûter un sommeil réparateur. Mais il était dit que nous n'étions pas au bout de notre aventure. Il était à peine jour quand nous fûmes réveillés par un bruit de pas précipités, de portes violemment ouvertes, comme si quelque chose d'extraordinaire venait d'arriver dans la maison.

« Tout à coup nous voyons apparaître l'hôtesse, à peine vêtue, qui nous crie :« Levez-vous vite et sui-« vez-moi. Il y va de votre vie ! » Nous nous levons à la hâte et prenant notre léger bagage, nous la suivons dans les combles de l'auberge. Elle nous fait monter, au moyen d'une échelle, dans un appentis très étroit et garni de fagots, nous cache derrière et en amasse une certaine quantité devant nous. Puis, elle retire l'échelle et nous crie de ne pas bouger avant qu'elle revienne nous chercher.

« Nous étions depuis quelque temps dans cette cachette basse et incommode, où il n'était possible de se tenir qu'assis, quand nous entendîmes, à une distance assez rapprochée, plusieurs détonations d'armes à feu. Je laisse à penser les réflexions que nous faisions mentalement, car nous n'osions parler et les minutes nous paraissaient des heures. Il fallait cependant attendre patiemment en s'ingéniant à ne pas toucher au branlant échafaudage de fagots qui masquait notre retraite.

« Il faisait grand jour quand l'hôtesse vint nous délivrer. Nous sortîmes de notre trou, couverts de poussière et de toiles d'araignées. Elle nous apprit en pleurant que ces *lurons*, ces chevaliers français, qui nous avaient si bien traités, n'étaient point ce que nous pouvions penser. « Ah ! s'écria cette femme, « que vous êtes heureux d'avoir rencontré une bonne

« veine de leur humeur ! Sachez que vous buviez
« et mangiez hier soir au milieu d'une bande de
« Chouans ! Et si l'on vous avait surpris avec eux,
« votre affaire eût été mauvaise. Ils étaient à peine
« sortis que les gendarmes nationaux sont entrés
« ici et se sont mis à leur poursuite. A moins d'une
« lieue, ils ont tiré plusieurs coups de fusil sur eux
« et ont tué le brigadier de gendarmerie. Vous l'avez
« échappé belle ! Un détachement de hussards, en
« cantonnement dans les environs, doit être à leur
« recherche. »

« Cette femme était encore tout émotionnée. Nous nous étions bien doutés que les manières de ces *lurons* n'étaient pas des plus légales et qu'arrêter ainsi les gens sur les grands chemins n'était pas le propre des amis de la gendarmerie. Toutefois, ils nous avaient si bien reçus et nous avions fait si bonne chère, que nous ne nous étions pas émus de ces premiers soupçons.

« Mais les confidences de l'aubergiste nous firent mieux apprécier le péril auquel nous venions d'échapper et le nom de *Chouans*, alors inconnu, nous fut révélé d'une façon qui dut se renouveler bien peu dans la suite. Nous devions nous estimer heureux d'en être quittes à si bon marché.

« L'alerte, en effet, avait été donnée. Les allées et venues remarquées pendant la nuit et au petit jour n'étaient que le prélude de la surprise dont nous fûmes les témoins. Si nous avions été pris en compagnie de ces honnêtes gens, il est probable que nous aurions eu grand'peine à nous justifier et que notre voyage eût été pour longtemps interrompu.

« Afin d'éviter de mauvaises rencontres, l'hôtesse nous procura un jeune garçon qui nous guida au milieu de sentiers détournés et nous fit retrouver, au bout d'une assez longue marche, la route de Rouen. Au débouché de l'un de ces sentiers, nous aperçumes une patrouille de hussards qui galopait à la poursuite de nos amis d'occasion. »

Telle est l'aventure du capitaine Landolphe et de ses compagnons, qui arrivèrent ensuite sans encombre à Rouen et à Paris. Elle prouve qu'à la fin de 1794, sans être bien organisée, car elle ne le fut jamais absolument dans le Calvados, la chouannerie comptait déjà des partisans. Il s'y mêlait aussi beaucoup de vulgaires brigands.

L'Orne, à ce point de vue, était plus sérieusement soulevée. Cependant, dans notre département, Puysaie, d'Oillamson et d'autres royalistes avaient préparé des rassemblements et il faut remarquer que les pouvoirs de Frotté, comme lieutenant-colonel et délégué du roi en Normandie, datent précisément du mois de décembre 1794. Il n'est donc pas étonnant que Landolphe soit tombé au milieu d'un groupe de chasseurs du roi.

L'accueil qui lui fut fait le prédisposait à l'indulgence. Ces chouans si redoutés ne lui avaient laissé voir que des gens d'agréable compagnie, aimant à faire bonne chère et à passer joyeusement leurs soirées, même avec des marins de la République. Landolphe, dans la lettre qui nous a permis de compléter le récit de son aventure, paraît leur avoir beaucoup pardonné, peut-être parce que, grâce à eux, il avait fort bien dîné.

Ajoutons que le capitaine, après avoir pris quelque repos, continua brillamment sa carrière. Promu capitaine de vaisseau, il fut, en l'an VIII, nommé commandant d'une escadre, composée des frégates *la Concorde*, *la Médée* et *la Franchise*, et chargé d'une mission au Brésil. Il rentrait en France, après avoir accompli sa mission, quand, le 20 août 1800, il fut poursuivi et atteint par une escadre anglaise de huit vaisseaux, commandée par le commodore Bulteel.

Bien qu'en état de flagrante infériorité, Landolphe accepta résolument le combat. Au bout de deux heures de violente canonnade, sa frégate était percée à la flottaison et *la Médée* coulait bas. Il dut amener son pavillon (6). Plus heureuse, *la Franchise*, grâce à sa marche supérieure, put gagner le large. Elle était commandée par le capitaine Jurien, qui devint plus tard l'amiral Jurien de la Gravière.

A son retour de captivité, Landolphe, fatigué et malade, dut prendre sa retraite. Dans sa longue carrière, il avait coulé 64 bâtiments anglais, portant 830 canons. Il mourut en 1825.

(6) Le commodore sir Rouley Bulteel traita le capitaine Landolphe comme avait fait le capitaine Mils, de *l'Alarm*. Il lui offrit de partager sa chambre et lui fit les honneurs de sa table. Il lui témoigna tous les égards dus au courage malheureux.

www.ingramcontent.com/pod-product-compliance
Lightning Source LLC
Chambersburg PA
CBHW061617040426
42450CB00010B/2530